Löffelkerlchen für den Frühling

Endlich sind die tristen Tage vorbei und der Frühling steht vor der Tür! Jetzt warten auf Ihre Holzkochlöffel neue Aufgaben, sei es als lustige Dekoration für drinnen oder draußen oder aber als kleine, nützliche Helfer für verschiedene Situationen.

Holen Sie also Ihre Holzkochlöffel aus der Küchenschublade und beginnen Sie mit dem Gestalten der witzigen Löffelkerlchen! Wie wäre es zum Beispiel mit einem dekorativen Serviettenhuhn oder einem einladenden Türschild? Sie werden sehen: Die Löffelkerlchen machen immer und überall eine gute Figur!

Viel Spaß und viel Erfolg wünscht Ihnen

Ihre

Ramika Gänsle

Die Motive lassen sich in folgende Schwierigkeitsgrade unterteilen:
● ○ ○ einfach   ● ● ○ etwas schwieriger   ● ● ● anspruchsvoll

MATERIALIEN UND WERKZEUGE

Folgende Materialien und Werkzeuge werden für fast jedes der im Buch gezeigten Motive benötigt:

- Holzkochlöffel in verschiedenen Größen und Formen
- matte Acryl- bzw. Bastelfarbe
- geglühter Bindedraht, ø 0,35 mm und 0,65 mm
- Tonkarton in verschiedenen Farben
- Filz in verschiedenen Farben
- Bohrer, ø 1,5 mm, 2 mm, 2,5 mm, 3 mm und 4 mm

- Bohrmaschine
- dünner, wasserfester Stift in Schwarz (für die Innenlinien)
- Transparentpapier
- dünne Pappe (für Schablonen)
- Bleistift und Radiergummi
- Heißklebepistole
- UHU Alleskleber Kraft
- Klebestift
- mittelgroße, spitze Schere

- kleine, spitze, halbrunde Nagelschere
- Lochzange
- spitze Rundzange
- Seitenschneider
- Borstenpinsel
- schmaler Pinsel
- Bürolocher

Die restlichen Materialien sind in der jeweiligen Materialliste aufgeführt.

Hinweise

Die Längenangaben der Löffel beziehen sich auf den ganzen Löffel.

Mit „Rest" ist immer ein Stück gemeint, das maximal A5 groß ist.

So geht es

1 Das Transparentpapier auf das Motiv auf dem Vorlagenbogen legen und alle Teile aufzeichnen, die später an den Löffel geklebt werden.

2 Das abgepauste Papier auf dünne Pappe kleben und die Teile ausschneiden. Die Schablonen auf den passenden Untergrund legen, mit einem Bleistift bzw. Kugelschreiber (bei Filz) die Umrisse umfahren und die Motivteile ausschneiden. Die Löffel bemalen und trocknen lassen.

3 Die benötigten Löcher bohren und das Motiv dann wie in der Anleitung erklärt zusammenfügen.

Tipps und Tricks

Zum Zusammensetzen der Löffelkerlchen

▶ Vor dem Zusammensetzen der Motive alle Innenlinien, Schriftzüge und Bohrungen vornehmen. Später könnte es schwieriger werden.

▶ Für größere Bohrungen mit einem dünnen Bohrer vorbohren, dadurch wird eine Führung für den größeren Bohrer geschaffen.

▶ Anstatt für die Arme aus Baumwollkordel oder Rundholz Löcher zu bohren, können sie auch einfach nur mit der Heißklebepistole an den Löffelstiel geklebt werden.

▶ Wenn die Motive Haken oder Arme aus Rundholz haben, empfiehlt es sich, zuerst die Rundholzstücke durch die Bohrlöcher zu stecken und sie dann erst anzumalen. Sonst passen die Rundhölzer evtl. nicht mehr in die Löcher.

▶ Die Einzelteile vorsichtig mit der Heißklebepistole fixieren. Da der Kleber schnell trocknet, lässt sich ein Verrutschen auf der gewölbten Löffelfläche vermeiden. Für das Zusammenfügen der Tonkartonteile nimmt man am besten einen Klebestift, für das Ankleben von Filzteilen z. B. UHU Alleskleber Kraft.

▶ Die Wangenflecken und Augen aus Tonkarton können evtl. auch mit einem Bürolocher ausgestanzt werden.

Zu der Bemalung der Löffelkerlchen

▶ Für die Innenlinien das Motiv vom Vorlagenbogen auf Transparentpapier abpausen und auf der Rückseite die Innenlinien mit einem Bleistift nachziehen. Jetzt das Transparentpapier auf das Motiv legen und die Linien nachziehen. Der auf der Rückseite haftende Grafit überträgt sich so auf das Motiv.

▶ Für das Weiß der Augen kann man weiße Bastelfarbe oder einen weißen Stift verwenden.

▶ Die meisten Wangenflecken und Nasen erhalten einen kleinen, weißen Pinselstrich.

▶ Für den zarten, transparenten Anstrich die Farbe stark mit Wasser verdünnen.

Welcome
→ frühlingszarter Willkommensgruß

MOTIVHÖHE
35 cm

MATERIAL
- Holzkochlöffel mit ovaler Kelle, 30 cm lang
- Tonkartonreste in Rosa und Hautfarbe
- Mikadopapier in Hellblau und Rosa
- Bastelfarbe in Schilf, Pfirsich, Taubenblau und Hautfarbe
- 2 Holzkugeln, ø 12 mm, mit einer Bohrung mit ø 3 mm
- Bastelbast in Hellgrün
- Baumwollkordel in Natur, ø 1 mm, 15 cm lang
- 5 Streublüten in Pastelltönen, ø 2 cm
- Friesenbaumfuß in Natur, 9 cm x 1,5 cm x 6,5 cm
- Buntstift in Rot
- Lackstift in Weiß (für die Augen)
- geglühter Bindedraht, ø 0,35 mm
- Bohrer, ø 2,5 mm

VORLAGENBOGEN 1A

1 Den Löffelstiel in Schilf und den Körper in Pfirsich und Taubenblau anmalen. Die Bohrungen ausführen.

2 Das Gesicht aufmalen und die Wange aufkleben. Für die Haarpracht etwas Bast mit Draht umwickeln und aufkleben. Die Flügelpaare aus Mikadopapier von hinten ankleben. Dann den Kopf und das mit zwei Streublüten geschmückte, beschriftete Herz an den Stiel kleben.

3 Das Baumwollkordelstück von hinten durch die Löcher stecken, pro Seite eine hautfarben bemalte Holzkugel auffädeln und durch einen Knoten sichern.

4 Zum Schluss den Schmetterling in den pfirsichfarben bemalten Friesenbaumfuß stecken, fixieren und diesen mit drei Streublüten schmücken.

Variante: Sie können den netten Schmetterling natürlich auch in anderen Farben, z. B. Lila, arbeiten.

Blumen- & Bienen-Hakenbord

→ niedlicher Helfer

MOTIVLÄNGE
33 cm

MATERIAL
- Holzkochlöffel mit runder Kelle, 32 cm lang
- Tonkartonreste in Dunkelgrün, Weiß, Sonnengelb, Hautfarbe und Dunkelbraun
- Bastelfarbe in Schilf, Mittelgelb, Olivgrün und Weiß
- Rundholz, ø 3 mm, 12 cm lang (pro Haken 4 cm)

VORLAGENBOGEN 1A
- 3 Holzkugeln, ø 12 mm, mit einer Bohrung mit ø 3 mm
- Rohholzhalbkugel, ø 15 mm
- Nähgarn in Schwarz
- Buntstift in Gelb
- Lackstift in Weiß (für die Augen)
- Bohrer, ø 3 mm
- evtl. Klebekissen

1 Die Bohrungen ausführen, die Rundholzstücke in die Bohrlöcher stecken und fixieren. Den Löffel in Schilf, die Rohholzhalbkugel in Mittelgelb und die Holzkugeln in Olivgrün anmalen. Dann die Holzkugeln auf die Rundholzstücke stecken und fixieren.

2 Die Blütenblätter mit gelbem Buntstift schattieren, die Tonkartonblüte zusammensetzen und auf den Löffel kleben. Dabei die bemalte Rohholzhalbkugel als Blütenmitte auf der Blüte platzieren.

3 Die Bienenkörper mit den Streifen und den Köpfen bekleben. Jeweils einen Flügel von vorne und einen von hinten anbringen. Zwei kleine Nähgarnstückchen als Fühler von hinten fixieren. Die Bienen mit der Heißklebepistole auf den Löffelstiel kleben und das fertige Bord evtl. mit Klebekissen befestigen.

Tipp: Dieses Hakenbord eignet sich gut für Kleinigkeiten, die ein Hobbygärtner gerne rasch zur Hand hat.

Kleiner Schneckenstecker

→ niedlicher Blickfang

1 Den Löffelstiel in Pfirsich mit hellblauen Punkten bemalen, die Löffelkelle oben pfirsichfarben mit apfelgrünen Punkten und mit einem zartblauen und einem zartrosa Streifen.

2 Dann der Tonkartonschnecke die Augen und die Pompon-Nase aufkleben, die Innenlinien ergänzen und die Wangen mit einem Buntstift röten. Von hinten die Fühler aus dickem Bindedraht ankleben. Anschließend die Schnecke mit der Heißklebepistole von vorne fixieren.

3 Das Schleifenband doppelt legen, oben mit dünnem Bindedraht umwickeln, die Drahtenden durch die Knopflöcher führen, verzwirbeln und die Enden locken. Diese Schleife unterhalb der Schnecke am Stiel anbringen.

MOTIVHÖHE
32 cm

VORLAGEN-BOGEN 1A

MATERIAL

- Holzkochlöffel mit Spitze, 30 cm lang
- Tonkartonreste in Weiß und Hellgrün
- Bastelfarbe in Zartblau, Apfelgrün, Pfirsich und Zartrosa
- Pompon in Schwarz, ø 7 mm
- Knopf in Hellblau, ø 6 mm
- Schleifenband in Hellblau, 5 cm breit, 45 cm lang
- Buntstift in Rot
- geglühter Bindedraht, ø 0,35 mm und 0,65 mm

MOTIVHÖHE
32 cm (kleines Stiefmütterchen)

MATERIAL (für beide Blumen)
2 Holzkochlöffel mit runder Kelle, 32 cm und 25 cm lang

Filzreste in Olivgrün, Weiß, Orange, Gelb, Dunkelblau und Hellblau

Bastelfarbe in Hautfarbe, Weiß, Scharlachrot und Schilf

2 Rohholzhalbkugeln, ø 15 mm

2 Rosentöpfe, ø 9 cm und 7 cm

Schleifenband in Gelb, 2,5 cm breit, 120 cm lang

Bastelbast in Natur

Steckschaum

Kokosfasern in Grün

Bindedraht, ø 0,65 mm

VORLAGENBOGEN 1A

Stiefmütterchen
→ blühen ihr Leben lang

1 Den Löffelstiel jeweils in Schilf und die Kelle in Hautfarbe bemalen. Das Gesicht aufmalen, die scharlachrote Nase fixieren und von hinten die Blütenblätter und Blätter aus Filz ankleben.

2 Die Tontöpfe mit Steckschaum füllen, mit Bast umwickeln und diesen mit Bindedraht und etwas Klebstoff fixieren.

3 Die Stiefmütterchen mit dem Stiel in die Steckmasse stecken, mit etwas UHU Alleskleber Kraft fixieren und ihnen Schleifen um den Hals binden.

4 Zum Schluss die Steckmasse mit Kokosfasern abdecken.

Blumiger Halter

→ für Gartenhandschuhe und kleine Gartenwerkzeuge

MOTIVHÖHE
27 cm

MATERIAL
- Holzkochlöffel mit ovaler Kelle, 27 cm lang (evtl. 30 cm lang)
- Filzreste in Dunkelgrün und Weiß
- Bastelfarbe in Mittelgelb, Schilf und Olivgrün
- Rundholz, ø 3 mm, 4 cm lang
- Holzkugel, ø 12 mm, mit einer Bohrung mit ø 3 mm
- 2 Streumarienkäfer, 1,5 cm lang
- Bohrer, ø 3 mm
- evtl. Selbstklebe-Ösen oder Klebekissen

VORLAGENBOGEN 1B

1 Das Loch für das Rundholz in den Löffelstiel bohren, das Rundholzstück einstecken, fixieren und den Löffelstiel in Schilf und die Kelle in Mittelgelb anmalen.

2 Die olivgrüne Holzkugel, die Filzblütenblätter, die Filzblätter und die Marienkäfer ankleben. Auf die Blütenmitte noch kleine schwarze Punkte aufmalen.

3 Den Halter mit Selbstklebe-Ösen oder Klebekissen fixieren.

Hier geht's zum Garten!
→ weist allen den Weg

Tipp: Ist Ihr ovaler Löffel etwas länger, so können Sie ihn entweder kürzen oder Ihr Motiv wird etwas größer.

MOTIVHÖHE
34 cm

MATERIAL
- Holzkochlöffel mit ovaler Kelle, 27 cm lang (evtl. 30 cm lang)
- Filzreste in Blau, Rot, Gelb und Olivgrün
- Tonkartonreste in Rot und Grün
- Bastelfarbe in Hautfarbe, Scharlachrot, Ultramarinblau, Weiß und Schilf
- Friesenbaumfuß in Natur, 9 cm x 1,5 cm x 6,5 cm
- Rohholzhalbkugel, ø 15 mm
- Märchenwolle in Weiß
- Nähgarn in Grün
- Zinkeimer, ø 4,5 cm, 4 cm hoch
- Gänseblümchenstiel mit ca. 12 Blüten
- 2 Holzkugeln, ø 12 mm, mit einer Bohrung mit ø 3 mm
- Rundholz, ø 3 mm, 14 cm lang
- Bohrer, ø 3 mm

VORLAGENBOGEN 1B

WEITERFÜHRUNG

Hier geht's zum Garten

Kecker Marienkäfer

→ für Leckereien

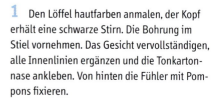

1 Den Löffel in Hautfarbe, Ultramarinblau (für den Schuhbereich) und Schilf gestalten und die Bohrung ausführen. Außerdem das Gesicht aufmalen.

2 Den Filzumhang von unten auf den Stiel schieben. Vorher die Brusttasche fixieren. Dann das Rundholzstück durch die Bohrung stecken, die Holzkugeln fixieren und hautfarben anmalen.

3 Etwas Märchenwolle als Bart ankleben. Dazu den entsprechenden Bereich mit Klebstoff versehen und die Wolle andrücken. Den Bart evtl. mit einer Schere in Form schneiden. Die Nase und die zusammengeklebte Filzmütze anbringen.

4 Mit der Heißklebepistole den Zwerg in den schilffarbenen Friesenbaumfuß stecken und fixieren. Die Schuhe ankleben und den Zinkeimer mit den Gänseblümchen schmücken. Dazu die Heißklebepistole benutzen, diese jedoch nicht zu heiß werden lassen.

5 Die Erdbeere zusammensetzen, beschriften und mit Nähgarn über den Arm hängen.

6 Eine Blüte in die Brusttasche stecken und den Umhang evtl. noch mit etwas Klebstoff an den Armen fixieren.

1 Den Löffel hautfarben anmalen, der Kopf erhält eine schwarze Stirn. Die Bohrung im Stiel vornehmen. Das Gesicht vervollständigen, alle Innenlinien ergänzen und die Tonkartonnase ankleben. Von hinten die Fühler mit Pompons fixieren.

2 Das Filzstück laut Vorlage arbeiten und von unten auf den Stiel schieben. Dann den Chenilledraht unter dem Filzumhang durch die Bohrung stecken.

3 Den Marienkäfer mit der Heißklebepistole an das Gefäß kleben. Die Chenilledrahtarme durch die Griffe des Gefäßes führen, die schwarzen Holzkugeln auffädeln und am Gefäß und zusätzlich am Chenilledraht fixieren.

4 Zwei Efeublätter auf das Zinkgefäß kleben, wobei auf einem zusätzlich ein kleiner Marienkäfer fixiert wird. Zum Schluss dem Marienkäfer die Schleife um den Hals binden.

MOTIVHÖHE
33 cm

MATERIAL
- Holzkochlöffel mit runder Kelle, 32 cm lang
- Filz in Rot, 18 cm x 18 cm
- Tonkartonrest in Rot
- Bastelfarbe in Weiß, Schwarz, Hautfarbe und Karminrot
- 26 Pompons in Schwarz, ø 7 mm
- Chenilledraht in Schwarz, 42 cm lang
- 2 Holzkugeln, ø 15 mm, mit einer Bohrung mit ø 4 mm
- Schleifenband in Dunkelblau, 2,5 cm breit, 60 cm lang
- Streumarienkäfer, 1,5 cm lang
- 2 Efeublätter, ca. 8 cm lang
- Zinkgefäß, ø 12 cm, 21 cm hoch
- geglühter Bindedraht, ø 0,65 mm
- Bohrer, ø 2,5 mm

VORLAGEN-BOGEN 1B

Spring

→ heißt den Frühling willkommen

1 Den Stiel in Pfirsich und die Kelle in Schilf anmalen.

2 Den Tonkartonkopf zusammensetzen, alle Innenlinien ergänzen und die Federteilchen von hinten am Kopf fixieren. Den Kopf, beide Flügel und die Füße ankleben und die Federn auf den Körper zeichnen.

3 Zum Schluss etwas mit dünnem Bindedraht umwickeltes Reisig an den Löffel kleben, die Holzbuchstaben bunt bemalen und fixieren.

MOTIVLÄNGE
33 cm

MATERIAL
- Holzkochlöffel mit runder Kelle, 32 cm lang
- Tonkartonreste in Rot, Goldgelb und Dunkelgrün
- Bastelfarbe in Schilf, Pfirsich, Scharlachrot, Taubenblau und Orange

VORLAGEN-BOGEN 1B
- Holzbuchstaben, 4 cm hoch
- Reisig
- Federteilchen in Orange
- Lackstift in Weiß (für die Augen)
- geglühter Bindedraht, ø 0,35 mm

Frohe Ostern!

→ für den Osterhasen und seine Helfer

1 Den Pfannenwender in Schilf anmalen und den Schriftzug ergänzen.

2 Den kompletten Hasen aus Tonkarton fixieren und die Ostereier aus Tonkarton ankleben.

3 Die Watteeier in Zartrosa und Arktis anmalen, eine Faser Bastelbast knicken, mit etwas Bindedraht umwickeln, dessen Enden locken und an jedes Bastfaserende ein Ei ankleben. Damit den Pinsel schmücken. Etwas Heu mit Bindedraht umwickeln, dessen Enden ebenfalls locken und auf den Pfannenwender kleben.

MOTIVHÖHE
35 cm

MATERIAL
- Holzpfannenwender, 29 cm lang
- Tonkartonreste in Dunkelbraun, Blau, Gelb, Hellblau, Flieder und Rosa
- Bastelfarbe in Schilf, Zartrosa und Arktis
- Heu

VORLAGENBOGEN 1A
- 2 Watteeier, 17 mm hoch
- Bastelbast in Natu
- Lackstift in Weiß (für die Augen)
- Borstenpinsel, Größe 2
- geglühter Bindedraht, ø 0,35 mm

Mäh, kleines Schäfchen!

→ lacht jeden fröhlich an

MOTIVHÖHE
27 cm

MATERIAL
- Holzkochlöffel mit Spitze, 25 cm lang
- Tonkartonreste in Elfenbein, Hautfarbe und Dunkelbraun
- Bastelfarbe in Elfenbein, Weiß und Schilf
- Satinband in Hellgrün, 6 mm breit, 28 cm lang (für den Stiel) und 30 cm lang (für die Schleife)
- Messingschelle, ø 9 mm
- Buntstift in Rot
- Lackstift in Weiß (für die Augen)
- geglühter Bindedraht, ø 0,35 mm und 0,65 mm
- Bohrer, ø 1,5 mm

VORLAGENBOGEN 2B

1 Den Stiel in Schilf und die Kelle in Elfenbein anmalen.

2 Alle Bohrungen ausführen und das Satinband spiralförmig um den Stiel wickeln. Dazu oben, auf der Rückseite des Löffels, das Satinband fixieren, es dann um den Stiel wickeln und unten ankleben, natürlich wieder auf der Rückseite.

3 Die Füße an die Drahtbeine kleben, trocknen lassen, in die jeweilige Bohrung stecken und fixieren.

4 Das Glöckchen mit dünnem Bindedraht an den Körper drahten, die Enden locken.

5 Dann den zusammengesetzten Kopf ankleben. Vorher die Nase und die Wangen mit einem Buntstift etwas röten. Zum Schluss eine Schleife an den Stiel kleben.

Schäfchen-platzkarten

→ dekorativ auf dem Ostertisch

MOTIVHÖHE
6,5 cm

MATERIAL
(für beide Schäfchen)
- 2 Raclettespatel, 13 cm lang
- Tonkartonreste in Hautfarbe, Elfenbein und Dunkelbraun
- Bastelfarbe in Schilf
- 4 Streumargeriten, ø 2 cm
- 2 Glöckchen, 1 cm hoch
- Heu
- Nadel
- Buntstift in Rot
- Lackstift in Weiß (für die Augen)
- geglühter Bindedraht, ø 0,35 mm

VORLAGENBOGEN
2 A

1 Für jedes Platzschild einen Raclettespatel in Schilf anmalen.

2 Den fertigen Kopf an den Rumpf kleben. Den Rumpf zweimal mit der Lochzange lochen, den Namen darauf schreiben und mit dünnem Bindedraht das Glöckchen andrahten. Mit einer Nadel die vorgegebene Knickkante anritzen und das Schäfchen auf den Spatel kleben.

3 Das Heu mit dünnem Bindedraht umwickeln, die Drahtenden locken und das Ganze auf den Spatel kleben. Zwei kleine Margeriten ankleben.

Guten Appetit!

→ witzige Serviettenhalter

MOTIVLÄNGE
14 cm

MATERIAL
(für beide Tiere)
- 2 Raclettespatel, 13 cm lang
- Tonkartonreste in Weiß, Rot und Sonnengelb
- Bastelfarbe in Weiß, Orange, Schilf und Olivgrün
- 4 Holzkugeln, ø 12 mm, mit einer Bohrung mit ø 3 mm
- Baumwollkordel in Natur, ø 1 mm, 30 cm lang (pro Tier 15 cm)
- Federteilchen in Weiß
- 2 Holzklammern in Natur, 7,5 cm lang
- Buntstift in Rot
- Lackstift in Weiß
- Bohrer, ø 2,5 mm

VORLAGENBOGEN 2A

Ente

1 Den Spatel in Olivgrün und Weiß anmalen und die Bohrungen ausführen.

2 Den Kopf zusammensetzen, alle Innenlinien ergänzen, und das Federteilchen ankleben. Dann die Flügel und den Kopf fixieren.

3 Für die Beine das Baumwollkordelstück von hinten durch die Bohrungen stecken, die orangefarben bemalten Holzkugeln auffädeln und durch Knoten sichern. Den Schriftzug ausführen und die olivgrün bemalte Holzklammer von unten ankleben.

Huhn

1 Das Huhn wird genauso gearbeitet, erhält jedoch kein Federteilchen, sondern einen Kamm und ein Kehlläppchen.

2 Der Wangenfleck wird mit einem roten Buntstift schattiert, die Klammer und der Stiel des Raclettespatels sind schilffarben.

Piep, piep!
→ zwitschert fröhliche Lieder

MOTIVHÖHE
30 cm

MATERIAL
- Holzkochlöffel mit Spitze, 25 cm lang
- Tonkartonreste in Weiß, Rot, Goldgelb und Dunkelblau
- Bastelfarbe in Taubenblau und Schilf
- Feder in Weiß

VORLAGEN-BOGEN 2A
- Feder in Blau
- Schleifenband in Hellblau, 5 cm breit, 80 cm lang
- 2 Streumarienkäfer, 1,5 cm lang
- geglühter Bindedraht, ø 0,65 mm

1 Den Stiel in Schilf und die Kelle in Taubenblau anmalen.

2 Den Kopf zusammensetzen, alle Innenlinien ergänzen, die Drahtlocke von hinten ankleben und den Kopf dann am Körper fixieren.

3 Beide Federn aufkleben, die blaue von hinten.

4 Aus dem Schleifenband eine Schleife binden, einen Marienkäfer auf das Band kleben und die Schleife am Stiel fixieren. Den zweiten Marienkäfer auf den Löffelstiel kleben.

MOTIVHÖHE
23 cm

VORLAGEN-BOGEN 2A

MATERIAL
- Holzkochlöffel mit runder Kelle, 20 cm lang
- Tonkartonrest in Elfenbein
- Filzreste in Dunkelblau und Dunkelgrün
- Bastelfarbe in Hautfarbe, Zartrosa, Schilf, Weiß und Zartblau
- Satinband in Grün, 3 mm breit, 30 cm lang
- 2 Holzkugeln, ø 15 mm, mit einer Bohrung mit ø 4 mm
- Friesenbaumfuß in Natur, 9 cm x 1,5 cm x 6,5 cm
- Bastelbast in Hellgrün
- Kokosfasern in Grün
- Baumwollkordel in Natur, ø 2 mm, 18 cm lang
- Bohrer, ø 2,5 mm

Blumenkind

→ so vergisst keiner den Frühlingsanfang

1 Den Löffel in Hautfarbe, Schilf und Zartblau bemalen. Das Gesicht gestalten und die Holzkugeln hautfarben anmalen.

2 Nach dem Ankleben der Basthaare die Blütenglocke aus Filz anbringen. Das Baumwollkordelstück durch das Bohrloch führen, die Holzkugeln auffädeln und mit Knoten sichern. Den Filzumhang mit der Lochzange laut Vorlage lochen, ein Satinband hindurchfädeln und ihn umhängen.

3 Mit der Heißklebepistole das Blumenkind in den schilffarbenen Friesenbaumfuß kleben, die Kokosfasern aufkleben und das beschriftete Tonkartonschild anbringen.

Riesenhuhn

→ mal ein ganz anderes Osternest

MOTIVHÖHE
46 cm

VORLAGENBOGEN
2 A

MATERIAL
- Holzkochlöffel mit runder Kelle (ø 9,5 cm), 34 cm lang
- Tonkartonreste in Rot, Weiß, Hellbraun und Goldgelb
- Bastelfarbe in Weiß, Schilf und Olivgrün
- Rundholzstück, ø 4 mm, 5,5 cm lang
- Rebfüllhorn, 33 cm lang
- Holzkugel, ø 15 mm, mit einer Bohrung mit ø 4 mm
- Bohrer, ø 4 mm
- evtl. Selbstklebe-Ösen oder Klebekissen

1 Die Bohrung im Stiel vornehmen und das Rundholzstück darin fixieren.

2 Den Löffel und das Rundholzstück in Schilf und die Kelle in Weiß anmalen. Die olivgrün bemalte Holzkugel auf dem Rundholzstück fixieren.

3 Das Tonkartonhuhn zusammensetzen, die Innenlinien ergänzen und es auf den Löffel kleben. Beide Beine fixieren und die restlichen Innenlinien ergänzen. Das Füllhorn an den Haken hängen und das Löffelkerlchen mit Selbstklebe-Ösen oder Klebekissen aufhängen.

Tipp: Große Holzkochlöffel erhalten Sie z. B. in Möbelhäusern. Sollten Sie den abgebildeten Löffel nicht erhalten, dann suchen Sie nach einem ähnlichen und passen die Vorlage ggf. an.

Osterhasen-Thermometer

→ zeigt frühlingshafte Temperaturen

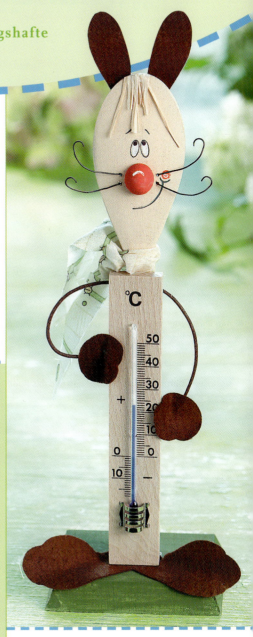

1 Den Löffel hautfarben anmalen, den Friesenbaumfuß olivgrün und die Rohholzhalbkugel scharlachrot. Alle Bohrungen ausführen.

2 Das Gesicht vervollständigen, den Bindedraht von hinten durch beide Löcher auf jeder Seite stecken und die Enden umbiegen. Die Nase fixieren und die Basthaare ergänzen. Das Baumwollkordelstück durch die Bohrung stecken und die Filzpfoten ankleben. Von hinten die Ohren ankleben.

3 Den Hasen in den Fuß stecken, fixieren und die Hinterpfoten ergänzen. Jetzt das Thermometer ankleben und die Vorderpfoten daran fixieren. Einen Stoffstreifen als Schal umbinden.

MOTIVHÖHE
28 cm

VORLAGEN-BOGEN 2B

MATERIAL

- Holzkochlöffel mit ovaler Kelle, 25 cm lang
- Filzrest in Dunkelbraun
- Bastelfarbe in Weiß, Hautfarbe, Scharlachrot und Olivgrün
- Baumwollkordel in Braun, ø 2 mm, 18 cm lang
- Rohholzhalbkugel, ø 15 mm

- Holz-Innenthermometer, 15 cm lang
- Friesenbaumfuß in Natur, 9 cm x 1,5 cm x 6,5 cm
- Patchworkstoffstreifen, 3 cm breit, 25 cm lang
- geglühter Bindedraht, ø 0,65 mm
- Bohrer, ø 1,5 mm und 2,5 mm

23

Eierbaum

→ ziert die Ostertafel

MOTIVHÖHE
31 cm

MATERIAL
- Holzkochlöffel mit Spitze, 30 cm lang
- Tonkartonreste in Rot, Weiß und Goldgelb
- Bastelfarbe in Schilf, Taubenblau, Pfirsich, Scharlachrot, Olivgrün und Weiß
- Rundholz, ø 4 mm, 12 cm lang (für den oberen Arm) und 16 cm lang (für den unteren Arm)
- Friesenbaumfuß in Natur, 9 cm x 1,5 cm x 6,5 cm
- Schleifenband in Hellblau, 6 mm breit, 35 cm lang
- 2 Federn in Weiß
- 5 Watteeier, 30 mm hoch
- Bastelbast in Natur
- Kokosfasern in Grün
- Bohrer, ø 1,5 mm und 4 mm

VORLAGENBOGEN 2B

1 Den Stiel in Schilf und die Kelle in Weiß anmalen. Die benötigten Bohrungen im Stiel und an der Löffelspitze ausführen, die Rundhölzer entsprechend durchstecken und evtl. fixieren. Jetzt die Holzkugeln an die Enden der Rundhölzer kleben und die Rundhölzer und Holzkugeln in Taubenblau und Pfirsich bemalen.

2 Ein Satinband auf der Rückseite des Stiels oben fixieren, es spiralförmig um den Stiel wickeln und es dann hinten am unteren Ende des Stiels ankleben.

3 Beide Federn fixieren und den zusammengesetzten Kopf sowie den Fuß befestigen. Den Fuß hinter die Federspitzen kleben.

4 Den Eierbaum in den olivgrünen Friesenbaumfuß stecken und mit der Heißklebepistole fixieren. Kokosfasern schmücken den Friesenbaumfuß.

5 Die Watteeier pastellfarben bemalen, jeweils eine Bastfaser als Aufhängeband in den Löchern der Eier fixieren und diese an den Eierbaum hängen.

Witzige Aussaatstecker

→ für Hobbygärtner

MOTIVHÖHE
33 cm

MATERIAL
(für beide Stecker)
- 2 Holzkochlöffel mit runder Kelle, 32 cm lang
- Tonkartonreste in Dunkelgrün, Grün und Weiß
- Bastelfarbe in Karminrot, Weiß, Orange, Tannengrün und Schilf
- 2 Holzklammern, 4,5 cm lang

VORLAGENBOGEN 2A

1 Die Löffelstiele in Schilf anmalen, die Kellen in Orange bzw. Karminrot. Die Augen und alle Innenlinien ergänzen.

2 Die Blätter und Stiele ankleben.

3 Die angemalten Klammern ankleben und die beschrifteten Schildchen festklammern.

Gartenschutzengel

→ sorgt dafür, dass alles wächst und gedeiht

MOTIVHÖHE
26 cm

MATERIAL

Holzkochlöffel mit Spitze, 25 cm lang

Blütenpapierrest

Filzrest in Olivgrün

Bastelfarbe in Schilf, Mittelgelb, Zartrosa, Weiß und Hautfarbe

Baumwollkordel in Natur, ø 2 mm, 20 cm (für die Beine) und 20 cm lang (für die Arme)

2 Holzkugeln, ø 12 mm, mit einer Bohrung mit ø 3 mm

2 Holzkugeln, ø 15 mm, mit einer Bohrung mit ø 4 mm

Bügelkorb, ø 5 cm

13 Streumargeriten, ø 2 cm

Gänseblümchenblätter

3 Beeren

Harke, 10 cm lang

Feenhaar in Gelb

Friesenbaumfuß in Natur, 9 cm x 1,5 cm x 6,5 cm

geglühter Bindedraht, ø 0,35 mm

Bohrer, ø 2,5 mm

VORLAGEN-BOGEN 2B

**WEITER-
FÜHRUNG**

Garten-
schutz-
engel

1 Den Stiel in Mittelgelb und den Hals und den Kopf in Hautfarbe anmalen. Das Gesicht aufmalen, die Innenlinien ergänzen und die Bohrungen ausführen.

2 Durch die untere Bohrung ein Baumwollkordelstück stecken, pro Seite eine größere, hautfarben bemalte Holzkugel auffädeln und jeweils durch einen Knoten sichern. Das mit Margeriten geschmückte Kleid ankleben. Durch die obere Bohrung das zweite Baumwollkordelstück stecken und auf jede Seite eine kleinere Holzkugel auffädeln. Den mit Blättern und Beeren geschmückten Korb ebenfalls auffädeln und dann beide Kordelenden miteinander verknoten, sodass der Schutzengel den Korb in den Händen hält.

3 Das Flügelpaar ankleben. Das Feenhaar mit dünnem Bindedraht umwickeln und die Drahtenden locken. Die Haare mit einer Margerite schmücken und auf den Kopf kleben.

4 Den Engel in den schilffarben bemalten und beschrifteten Fuß stecken und diesen mit Margeriten und der Harke schmücken.

28

Ich läute den Frühling ein!

→ erklingt bei jedem zarten Windhauch

1 Den Spatel wie abgebildet in Schilf, Weiß und Schwarz anmalen, die Holzkugeln in Schwarz.

2 Alle Bohrungen ausführen und den Kopf aus Tonkarton zusammenfügen. Die Wangen und die Ohren mit Buntstift leicht röten und fixieren.

3 Von hinten das Baumwollkordelstück durch die Bohrungen stecken, die Holzkugeln auffädeln und durch Knoten sichern. Die Klangstäbe anbringen. Das Aufhängeband an einer Seite anknoten, an der anderen ankleben.

4 Für den Schwanz ein Stückchen aufgewirbelte Paketschnur aufkleben und zum Schluss das Klangspiel mit einer Margerite schmücken.

MOTIVHÖHE
16 cm

MATERIAL
◆ Raclettespatel, 13 cm lang
◆ Tonkartonreste in Rosa, Hautfarbe, Weiß und Schwarz
◆ Bastelfarbe in Schilf, Schwarz und Weiß
◆ Paketschnur, ø 2,5 m
◆ Baumwollkordel in Schwarz, ø 1 mm, 15 cm lang
◆ 2 Holzkugeln, ø 12 mm, mit einer Bohrung mit ø 3 mm
◆ 3 hohle Klangstäbe in Blau, 6 cm, 8 cm und 10 cm lang
◆ Satinband in Rosa, 3 mm breit, 25 cm lang
◆ Streumargerite, ø 2 cm
◆ Nähgarn in Blau (zum Anbringen der Klangstäbe)
◆ Buntstift in Rot
◆ Bohrer, ø 1,5 mm, 2,5 mm und 3 mm

**VORLAGEN-
BOGEN 1B**

MOTIVLÄNGE
29 cm

MATERIAL

- Holzpfannenwender, 29 cm lang
- Tonkartonreste in Elfenbein, Hellblau, Dunkelgrün, Grün und Dunkelblau
- Bastelfarbe in Pfirsich
- Patchworkstoffstreifen, 3 cm breit, 26 cm lang
- Perlmuttknopf, ø 2,3 cm
- Nähgarn in Schwarz
- Motivlocher mit Herzmotiv
- Buntstift in Rot
- Lackstift in Weiß (für die Augen)
- geglühter Bindedraht, ø 0,35 mm

VORLAGENBOGEN 2B

Türschild

→ verrät, wer hier wohnt

1 Den Pfannenwender anmalen, nach dem Trocknen beschriften und die Schnecken darauf fixieren.

2 Die Schnecken erhalten von vorne ihre Häuser mit Herzchen und von hinten zwei Fühler aus Nähgarn aufgeklebt. Die Wangen werden mit rotem Buntstift schattiert.

3 Zur Zierde ein Stück Stoff mit Bindedraht umwickeln, einen Knopf auffädeln, den Draht verzwirbeln und die Enden locken.

Ich sorge für Ordnung!

→ für Krimskrams

MOTIVHÖHE
31 cm

MATERIAL
Holzlöffel mit Spitze, 30 cm lang

Filzreste in Weiß, Rot und Orange

Bastelfarbe in Weiß

Schleifenband in Gelb, 2,5 cm breit, 55 cm lang

Zink-Wandtopf, 21 cm x 11 cm

VORLAGENBOGEN 2 B

1 Den Löffel weiß anmalen und die Innenlinien ergänzen.

2 Aus Filz den Hahnenkamm, den Schnabel, das Kehlläppchen und das Bauchteil ausschneiden und wie abgebildet fixieren.

3 Den fertigen Hahn mit der Heißklebepistole in den Wandtopf kleben und ihm eine Schleife um den Hals binden.

Oh, welch ein Ei!

→ dekorativ im Osternest

1 Den Löffelstiel in Schilf und die Kelle in Flieder anmalen. Die Kelle zusätzlich mit kleinen Punkten verzieren.

2 Die Küken zusammenfügen und die mit dünnem Bindedraht umwickelten Satinbänder ankleben.

3 Die Feder, das obere Küken und das Heubündel anbringen. Zum Schluss das untere Küken fixieren.

MOTIVHÖH
30 cm

MATERIAL
- Holzkochlöffel mit ovaler Kelle 30 cm lang
- Tonkartonreste Gelb und Goldg
- Bastelfarbe in Schilf, Flieder, M telgelb, Scharla rot und Zartblau
- Satinband in Fli der, 6 mm breit, 50 cm lang
- Satinband in Ge 3 mm breit, 28 cm lang
- Heu
- Feder in Gelb
- Lackstift in Weiß (für die Augen)
- geglühter Binde draht, ø 0,35 mm und 0,65 mm

VORLAGEN BOGEN 2B

DIESES BUCH ENTHÄLT 2 VORLAGENBOGEN

IMPRESSUM

FOTOS: frechverlag GmbH, 70499 Stuttgart; Fotostudio Ullrich & Co., Renningen
DRUCK: frechdruck GmbH, 70499 Stuttgart

Materialangaben und Arbeitshinweise in diesem Buch wurden von der Autorin und den Mitarbeitern des Verlags sorgfältig geprüft. Eine Garantie wird jedoch nicht übernommen. Autorin und Verlag können für eventuell auftretende Fehler oder Schäden nicht haftbar gemacht werden. Das Werk und die darin gezeigten Modelle sind urheberrechtlich geschützt. Die Vervielfältigung und Verbreitung ist, außer für private, nicht kommerzielle Zwecke, untersagt und wird zivil- und strafrechtlich verfolgt. Dies gilt insbesondere für eine Verbreitung des Werkes durch Film, Funk und Fernsehen, Fotokopien oder Videoaufzeichnungen sowie für eine gewerbliche Nutzung der gezeigten Modelle.

Auflage: 5.   4.   3.   2.   1.
Jahr: 2007 2006 2005 2004 2003   [Letzte Zahlen maßgebend]

© 2003 **frechverlag** GmbH, 70499 Stuttgart

ISBN 3-7724-3235-2
Best.-Nr. 3235